Andrew Wommack

10 Gründe für ein Leben mit dem Heiligen Geist

10 Gründe für ein Leben mit dem Heiligen Geist

Andrew Wommack

Grace today
VERLAG

Die englischsprachige Originalausgabe erschien im Verlag *Harrison House Publishers* unter dem Titel *10 Reasons It's Better to Have the Holy Spirit* © 2022 by Andrew Wommack Ministries. This translation of *10 Reasons It's Better to Have the Holy Spirit* is published by arrangement with Harrison House.

Die Deutsche Nationalbibliothek verzeichnet diese Publikation in der Deutschen Nationalbibliografie; detaillierte bibliografische Daten sind im Internet über https://dnb.de abrufbar.

Bibelzitate, sofern nicht anders angegeben, wurden der Schlachter Bibelübersetzung entnommen. Bibeltext der Schlachter, © 2000 Genfer Bibelgesellschaft. Alle Rechte vorbehalten. Alle Bibelübersetzungen wurden mit freundlicher Genehmigung der Verlage verwendet. Hervorhebungen einzelner Wörter oder Passagen innerhalb von Bibelzitaten wurden vom Autor vorgenommen.

ELB *Revidierte Elberfelder Bibel*, © 2006 SCM R.Brockhaus, Witten.
EÜ *Einheitsübersetzung der Heiligen Schrift*, © 2016 Kath. Bibelanstalt GmbH, Stuttgart.
HFA *Hoffnung für alle*, © by Biblica, Inc.®, hrsg. von Fontis.
KJV *King James Version*.
LUT *Lutherbibel*, © 2016 Deutsche Bibelgesellschaft Stuttgart.

Umschlaggestaltung: Harrison House Publishers
Corporate Design: spoon design, Olaf Johannson
Übersetzung: Gabriele Kohlmann
Korrektorat: Thilo Niepel
Satz: Grace today Verlag
Druck: CPI Clausen & Bosse, Leck
Printed in Germany

1. Auflage 2023

Paperback: ISBN 978-3-95933-252-1, Bestellnummer 372252
E-Book: ISBN 978-3-95933-253-8, Bestellnummer 372253

www.gracetoday.de

INHALT

Aber ich sage euch die Wahrheit:
Es ist gut für euch, dass ich hingehe; denn wenn ich nicht hingehe, so kommt der Beistand nicht zu euch. Wenn ich aber hingegangen bin, will ich ihn zu euch senden. Und wenn jener kommt, wird er die Welt überführen von Sünde und von Gerechtigkeit und vom Gericht;
von Sünde, weil sie nicht an mich glauben;
von Gerechtigkeit aber, weil ich zu meinem Vater gehe und ihr mich nicht mehr seht;
vom Gericht, weil der Fürst dieser Welt gerichtet ist.

JOHANNES 16,7–11

EINLEITUNG

Aber ich sage euch die Wahrheit: Es ist gut für euch, dass ich hingehe; denn wenn ich nicht hingehe, so kommt der Beistand nicht zu euch. Wenn ich aber hingegangen bin, will ich ihn zu euch senden. — Johannes 16,7

Wer meine Geschichte kennt, weiß, dass der 23. März 1968 ein Tag war, der mein Leben für immer veränderte. Der Herr berührte mein Leben und ich erfuhr eine übernatürliche Liebe, die viereinhalb Monate lang anhielt. Weniger bekannt ist vielleicht, dass ich an jenem Tag auch die Taufe im Heiligen Geist empfing.

Obwohl ich mit acht Jahren die Wiedergeburt erlebt hatte, bekam ich erst mit Empfang des Heiligen Geistes die Kraft, ein christliches Leben zu führen. Davor hatte ich bis zu einem gewissen Grad für den Herrn gelebt, ohne jedoch das volle Spektrum dessen zu erfahren, was er für mich bereithielt.

Ich wuchs in einer Baptistengemeinde auf und lernte dort das Wort Gottes kennen. Ich ging dienstagabends zu den Jugendtreffen der Kirche und sprach mit anderen über das Evangelium. Aber ich musste erkennen, dass ich wie ein Pharisäer lebte. Obwohl ich alle möglichen Dinge tat, handelte ich nur aus Eigeninteresse – um die Anerkennung anderer Menschen zu bekommen.

Als der Herr am 23. März 1968 mein Leben veränderte, begann für mich der Weg dorthin, wo ich heute bin. Ich kam in eine Beziehung mit Gott, wie ich sie nie gehabt hatte. Auch wenn es einige Dinge gab, für deren Entdeckung ich Jahre brauchte, stand doch schon alles, was Gott für mich hatte, bereit, als ich den Heiligen Geist empfing.

Alles, was Gott für mich hatte,
stand schon bereit, als ich
den Heiligen Geist empfing.

Alles, was der Herr mir bis heute gezeigt hat und was er durch diesen Dienst getan hat, lässt sich auf diese Erfahrung zurückführen. Ich glaube nicht, dass du jemals von mir gehört hättest, wenn ich nicht die Taufe im Heiligen Geist empfangen hätte. Aber dank des Wirkens des Heiligen Geistes durfte ich erleben, wie der Herr durch unsere Charis-Bibelschulen schon Tausende von Menschen für die Aufgabe bereit gemacht hat, die Welt zu verändern. Gelobt sei der Herr!

Jesu schockierende Aussage

Die Jünger Jesu waren von Trauer erfüllt, als er ihnen sagte, dass er sie verlassen werde. Die meisten Gläubigen würden sich heute genauso fühlen wie diese Jünger. Was könnte wohl besser sein als Jesus, der mit dir geht und zu dir spricht?

Dann schockierte Jesus die Jünger mit der Aussage, dass es für sie besser sei, den Heiligen Geist bei sich zu haben, als ihn, Jesus, in seinem physischen Körper. Wie kann das sein? Die meisten Christen würden es vorziehen, Jesus so bei sich zu haben, wie er es auch bei den Jüngern war.

Jesus wusste, dass seine Jünger über seine Aussage schockiert sein würden, deshalb schickte er die Worte »Wahrlich, ich sage euch« bzw. »Ich sage euch die Wahrheit« voraus. So schwer es auch zu verstehen sein mag, der Dienst des Heiligen Geistes im Leben des Gläubigen ist besser als der irdische Dienst Jesu.

Das soll Jesu Wirken auf der Erde in keiner Weise schmälern. Wenn Jesus nicht auf die Erde gekommen wäre und das vollbracht hätte, was er getan hat, könnte es den Dienst des Heiligen Geistes gar nicht geben. Der ganze Plan Gottes hing von dem Erlösungswerk Christi ab.

Nachdem Jesus jedoch sein Werk vollbracht hatte, war es sogar zu unserem Vorteil, dass er zu seinem Vater zurückkehrte und den Heiligen Geist sandte, um seinen Platz einzunehmen.

Es ist besser, den Heiligen Geist bei und in uns zu haben, als Jesus in seinem physischen Körper hier zu haben.

Natürlich war das, was Jesus sagte, absolut wahr. Wir müssen uns der Weisheit des Herrn beugen – dass es besser ist, den Heiligen Geist bei und in uns zu haben, als Jesus in seinem physischen Körper hier zu haben. Es wirkt allerdings nicht so, als treffe das tatsächlich zu. Ganz offensichtlich verstehen und schätzen wir den Dienst des Heiligen Geistes nicht so, wie Jesus es tut.

Wenn wir dies begreifen, werden wir hoffentlich mit Jesus darin übereinstimmen, dass das heutige Wirken des Heiligen Geistes tatsächlich besser ist als das begrenzte Wirken Jesu während seines physischen Aufenthalts auf der Erde. Schließlich konnte er als Mensch nur an einem Ort zur selben Zeit sein. Lediglich auf diesen Zustand bezogen hätte er unmöglich sagen können: »Ich bin bei euch alle Tage bis an das Ende der Weltzeit!« (Mt 28,20). Dennoch hat er es gesagt und der Heilige Geist bestätigt, dass es wahr ist (siehe Hebr 13,5; Röm 8,9).

10 Gründe

Ich lehre viel über den Heiligen Geist. Ich spreche über das Sprachengebet, die Taufe im Heiligen Geist, und ich habe eine ganze Lehrserie mit dem Titel *The Positive Ministry of the Holy Spirit*. Kürzlich sprach der Herr zu mir über die Inhalte dieses Buches; in dieser Lehreinheit geht es um zehn Wahrheiten darüber, warum es für unser Leben besser ist, den Heiligen Geist *in* uns zu haben, als Jesus in seinem physischen Körper *bei* uns zu haben. Diese Aussage ist ein starkes Stück, aber sie entspricht genau dem, was Jesus seinen Jüngern gesagt hat.

Die meisten Christen denken, dass es großartig wäre, Jesus leibhaftig vor sich stehen zu sehen. Aber Jesus sagte, dass es in Wirklichkeit besser sei, den Heiligen Geist zu haben. Die meisten würden dem nicht zustimmen, weil sie nicht genau wissen, wer der Heilige Geist ist und was er tut.

Ich könnte gleich mehrere Stunden lang über jeden einzelnen dieser zehn Aspekte im Zusammenhang mit dem Heiligen Geist lehren, aber in diesem Buch werde ich nur die Eigenschaften und Merkmale des Heiligen Geistes beleuchten, die am engsten mit ihm verbunden sind. Ich denke, es wird dich wirklich segnen, diese Dinge, die der Herr mir offenbart hat, zu entdecken.

GRUND 1

Der Heilige Geist wohnt in uns

Aber ich sage euch die Wahrheit: Es ist gut für euch, dass ich hingehe; denn wenn ich nicht hingehe, so kommt der Beistand nicht zu euch. Wenn ich aber hingegangen bin, will ich ihn zu euch senden. — Johannes 16,7

Während seiner Zeit auf der Erde war Jesus durch seinen physischen Körper eingeschränkt. Er konnte nicht gleichzeitig an mehreren Orten sein. Daher konnte er nicht stets bei allen sein, die an ihn glaubten. Doch kurz vor seiner Rückkehr in den Himmel versprach er, bei uns zu sein »bis an das Ende der Weltzeit« (Mt 28,20). Jetzt ist Jesus dauerhaft bei jedem Gläubigen. Jesus wird niemals auch nur einen wahren Christen verlassen oder aufgeben (siehe Hebr 13,5).

Wenn jemand wiedergeboren ist, kommt Jesus und lebt in dieser Person. Paulus sagt in Galater 4,6:

»Gott [hat] den Geist seines Sohnes in eure Herzen gesandt, der ruft: Abba, Vater!« Manchen Christen fällt es schwer, dies zu glauben, weil sie Jesus nicht in sich sehen oder fühlen können. Aber Paulus sagt in Römer 8,9 (EÜ): »Wer aber den Geist Christi nicht hat, der gehört nicht zu ihm«. Das ist somit die Realität, ob jemand es glaubt oder nicht. Um in den vollen Genuss dieser Wahrheit zu kommen, müssen wir glauben, um zu empfangen (siehe Hebr 4,2).

Wenn jemand wiedergeboren ist,
kommt Jesus und lebt in dieser Person.

Am Morgen der Auferstehung waren zwei Jünger Jesu auf dem Weg nach Emmaus, das gut elf Kilometer von Jerusalem entfernt lag (siehe Lukas 24,13–32). Sie hatten gehört, dass Jesus von den Toten auferstanden war, aber es fiel ihnen schwer, das zu glauben. Deshalb waren sie so traurig.

Während sie unterwegs waren, gesellte sich der auferstandene Jesus zu ihnen und erklärte ihnen anhand der Heiligen Schrift, warum er sterben und am dritten Tag wieder auferstehen musste. Sie gingen kilometerweit mit Jesus und unterhielten sich mit ihm, und doch erkannten sie ihn noch nicht einmal. Erst als sie mit ihm das Brot brachen, wurde ihnen klar, wer er wirklich war.

Wenn das damals passieren konnte, dann ist es für uns heute umso wahrscheinlicher, da wir Jesus physisch nicht sehen können. Und auch jetzt können wir nur durch die Gemeinschaft mit dem auferstandenen Herrn dessen Anwesenheit bei uns erkennen. Sobald wir wiedergeboren sind, ist Jesus ständig bei uns. Das kann nur durch den Heiligen Geist geschehen.

Es gibt kaum etwas, das im Leib Christi umstrittener ist, als die Taufe mit dem Heiligen Geist und die damit verbundenen Gaben. Ein Großteil des modernen Christentums betrachtet die Erfahrung der Wiedergeburt als einzige Komponente der Errettung. Leider stehen einige Christen dem Glauben entgegen, dass es eine separate Erfahrung gibt, bei der man mit dem Heiligen Geist erfüllt wird. Sie lehnen insbesondere die Gültigkeit der Gaben des Heiligen Geistes für die heutigen Gläubigen ab.

Viele Gläubige kommen nicht wirklich in den Genuss dieses wunderbaren Geschenks, weil sie Jesus nicht sehen können. Sie können ihn nicht auf natürliche, menschliche Weise spüren und nehmen ihn daher nicht wahr.

Nur durch die Gemeinschaft mit dem auferstandenen Herrn können wir seine Anwesenheit bei uns erkennen.

Doch die geistliche Realität ist die, dass Jesus jetzt *in* uns ist, und zwar durch den Heiligen Geist, der in uns wohnt!

GRUND 2

Der Heilige Geist ermöglicht unsere Wiedergeburt

Jesus antwortete: Wahrlich, wahrlich, ich sage dir: Wenn jemand nicht aus Wasser und Geist geboren wird, so kann er nicht in das Reich Gottes eingehen! Was aus dem Fleisch geboren ist, das ist Fleisch, und was aus dem Geist geboren ist, das ist Geist. Wundere dich nicht, dass ich dir gesagt habe: Ihr müsst von Neuem geboren werden! Der Wind weht, wo er will, und du hörst sein Sausen; aber du weißt nicht, woher er kommt und wohin er geht. So ist jeder, der aus dem Geist geboren ist. — Johannes 3,5–8

Der zweite Grund, warum das Leben mit dem Heiligen Geist besser ist, liegt darin, dass wir aus dem Heiligen Geist geboren werden, wenn wir Jesus zu unserem Herrn machen und die Erlösung empfangen.

Im dritten Kapitel des Johannesevangeliums sagte Jesus ganze drei Mal, dass wir aus dem Geist geboren werden müssen.

Jesus antwortete: Wahrlich, wahrlich, ich sage dir: Wenn jemand nicht aus Wasser und Geist geboren wird, so kann er nicht in das Reich Gottes eingehen! — Johannes 3,5

Was aus dem Fleisch geboren ist, das ist Fleisch, und was aus dem Geist geboren ist, das ist Geist. — Johannes 3,6

Der Wind weht, wo er will, und du hörst sein Sausen; aber du weißt nicht, woher er kommt und wohin er geht. So ist jeder, der aus dem Geist geboren ist. — Johannes 3,8

Wenn also der Heilige Geist nicht gekommen wäre, könnten die Gläubigen nicht wiedergeboren werden. Die Erfahrung der Wiedergeburt war erst möglich, als der Heilige Geist kam.

Jesus sagt in Johannes 7,38: »Wer an mich glaubt, wie die Schrift gesagt hat, aus seinem Leib werden Ströme lebendigen Wassers fließen.« Ströme lebendigen Wassers, die aus uns fließen, werden durch den Heiligen Geist hervorgebracht, wenn Menschen an Jesus glauben. Aber das konnte erst nach der Auferstehung geschehen.

Der Heilige Geist ist zutiefst an unserer Errettung beteiligt und tauft uns in den Leib Christi. Der Apostel Paulus sagt in 1. Korinther 12,13: »Denn wir sind ja alle durch einen Geist in einen Leib hinein getauft worden, ob wir Juden sind oder Griechen, Knechte oder Freie, und wir sind alle getränkt worden zu einem Geist.« Ohne den Heiligen Geist könntest du nicht Teil des Leibes Christi sein.

Der Heilige Geist ist derjenige,
der unsere neue Geburt bewirkt.

Dies konnte nicht geschehen, solange Jesus vor seinem Tod und seiner Auferstehung auf der Erde war – der Heilige Geist ist derjenige, der unsere neue Geburt bewirkt. Die Gemeinde als Gesamtes würde ohne das Wirken des Heiligen Geistes nicht existieren.

Als Gläubige sollten wir erkennen, welch wichtige Rolle der Heilige Geist bei unserer Errettung innehat.

Bei der Errettung versiegelt uns der Heilige Geist. Dieses Siegel schützt unseren wiedergeborenen Geist davor, durch die Sünden, die wir als Christen begehen, verunreinigt zu werden. Unser Geist hat aufgrund der bewahrenden Kraft des Heiligen Geistes ewige Erlösung (siehe Hebr 9,12), ewiges Heil bzw. ein ewiges Erbe (siehe Hebr 9,15), ist geheiligt (siehe Hebr 10,10) und ist für immer vollendet (siehe Hebr 10,14). Preis dem Herrn!

GRUND 3

Der Heilige Geist gibt uns Offenbarungswissen

Der natürliche Mensch aber nimmt nicht an, ***was vom Geist Gottes ist****; denn es ist ihm eine Torheit, und er kann es nicht erkennen, weil es* ***geistlich beurteilt*** *werden muss.*
— 1. Korinther 2,14

Ohne den Heiligen Geist wären wir nicht in der Lage, geistliche Dinge wahrzunehmen.

Als ich die Geistestaufe empfing, lag der Schwerpunkt auf dem Sprachengebet (mehr dazu später), aber das Wichtigste, was ich vom Heiligen Geist erhielt, war das Lebendigwerden der Bibel! Sie war für mich plötzlich wie ein völlig neues Buch. Ich konnte nicht genug von ihr bekommen.

Die beiden Jünger auf dem Weg nach Emmaus erkannten Jesus nicht, aber später am Tag sagten sie: »Brannte nicht unser Herz in uns, als er mit uns redete auf dem Weg, und als er uns die Schriften öffnete?« (Lk 24,32).

Die Bibel sagt, dass die Menschen so schrieben, wie es ihnen vom Heiligen Geist eingegeben wurde – der Heilige Geist hat das Wort Gottes, die Bibel, verfasst. Er wird jedem Gläubigen das Wort Gottes aufschließen – und somit auch dir.

Geistliche Dinge können nur durch den Heiligen Geist offenbart werden (siehe 1Kor 2,14). Vor der Erfüllung mit dem Heiligen Geist sind wir für die Dinge Gottes unempfänglich.

Geistliche Dinge können nur durch den Heiligen Geist offenbart werden.

In 1. Korinther 2,14 heißt es: »Der natürliche Mensch aber nimmt nicht an, was vom Geist Gottes ist; denn es ist ihm eine Torheit, und er kann es nicht erkennen, weil es geistlich beurteilt werden muss.«

Das ist der Grund, warum so viele Christen einfach nicht weiterkommen. Sie versuchen, das Wort Gottes mit ihrem Verstand zu begreifen. Die Bibel richtet sich aber an unser Herz. Man muss das, was sie sagt, durch die Offenbarung des Heiligen Geistes empfangen.

Jesus sagt uns in Johannes 14,26:

Der Beistand aber, der Heilige Geist, den der Vater senden wird in meinem Namen, der ***wird euch alles lehren und euch an alles erinnern****, was ich euch gesagt habe.*

Der Heilige Geist hat Gottes Wort geschrieben (siehe 2Petr 1,21) und er wird es offenbaren (siehe 1Kor 2,9–10). Unser Verständnis muss durch den Heiligen Geist geöffnet werden, um Gottes Wort wirklich begreifen zu können (siehe Lk 24,45). Der Heilige Geist offenbart uns Jesus (siehe Joh 15,26). Wir können Jesus durch den Dienst des Heiligen Geistes viel besser kennenlernen, als die Jünger ihn aufgrund der physischen Gegebenheiten kannten (siehe 2Kor 5,16).

Der Apostel Paulus sagte, er habe Jesus einst nach dem Fleisch gekannt, aber jetzt kenne er ihn nur noch nach dem Geist. Und Paulus hatte durch den Geist eine Offenbarung von Jesus, die sogar den Apostel Petrus zum Staunen brachte (siehe

2Petr 3,15–16). Petrus erkannte die Schreiben des Paulus als heilige Schrift an, aber er sagte auch, sie seien schwer zu verstehen.

Unser Verständnis muss durch den Heiligen Geist geöffnet werden, um Gottes Wort wirklich begreifen zu können.

Stell dir das nur mal vor – Petrus, der dreieinhalb Jahre lang Tag und Nacht mit Jesus zusammen gewesen war, verstand die Lehren Jesu nicht so gut wie Paulus, der Jesus erst begegnete, nachdem dieser wieder im Himmel war. Gleicherweise können wir Jesus durch die Offenbarung des Heiligen Geistes besser kennenlernen, als wenn wir leibhaftig mit ihm zusammen wären.

Ich habe eine kurze Lehreinheit zu diesem Thema mit dem Titel *Are You Satisfied with Jesus?* Der physische Körper Jesu verbarg eigentlich, wer er wirklich war. In Jesaja 53,2 heißt es, dass Jesus seinem physischen Äußeren nach nichts Besonderes war – »Er sah nicht so aus, dass wir Gefallen fanden an ihm« (EÜ). Sehr interessant!

Heute gibt es keine physischen Hindernisse mehr, die unsere Wahrnehmung und Aufnahmebereitschaft beeinträchtigen. Wir können ihn im Geist sehen und ihn uns in all seiner Herrlichkeit vorstellen. Wir sind gesegneter, als es seine ersten Jünger waren!

Der Heilige Geist wird dich alles lehren – nicht nur einige Dinge, sondern *alle* Dinge. Und er wird dich in alle Wahrheit führen und dir ins Gedächtnis rufen, was du wissen musst. Das ist gewaltig!

Der Heilige Geist wird dich alles lehren – nicht nur einige Dinge, sondern alle Dinge.

Menschen fallen unter anderem deshalb vom Herrn ab, weil sie ihre Siege nicht immer wieder neu in Gedanken durchleben und sich nicht daran erinnern, was Gott für sie getan hat. Der Heilige Geist wird dich lehren, er wird dich in die Wahrheit führen und dich an alles erinnern, was er für dich getan hat. Er wird dir geistliche Wahrnehmung schenken. Wenn du noch nicht im Heiligen Geist getauft bist, solltest du das unbedingt nachholen.

GRUND 4

Der Heilige Geist verleiht uns Kraft

> ***Ihr werdet Kraft empfangen****, wenn der Heilige Geist auf euch gekommen ist, und ihr werdet meine Zeugen sein in Jerusalem und in ganz Judäa und Samaria und bis an das Ende der Erde! — Apostelgeschichte 1,8*

Das Letzte, was Jesus zu seinen Jüngern sagte, bevor er in den Himmel auffuhr, war: »Ihr werdet Kraft empfangen« (Apg 1,8). Das hier verwendete Wort »Kraft« ist eine Übersetzung des griechischen Wortes *dynamis* – von dem auch Begriffe wie »Dynamit« oder »Dynamo« abstammen – und es bedeutet wunderbare, wundertätige Kraft. Das ist die Art von Kraft, die du erhältst, wenn der Heilige Geist auf dich kommt.

Man kann den Unterschied zwischen den Jüngern vor und nach dem Empfang des Heiligen Geistes sehen. Vor dem Pfingsttag waren sie furchtsame Menschen – sie liefen davon und verleugneten den Herrn. Aber nachdem sie den Heiligen Geist empfangen hatten, besaßen sie plötzlich eine nie gekannte innere Kraft!

Sogar Mitglieder des obersten jüdischen Rates nahmen von der Kühnheit der Jünger Notiz und erkannten sie als diejenigen, die mit Jesus zusammen gewesen waren (siehe Apg 4,13). Und das war allein dem Heiligen Geist zu verdanken.

Ich sage dir, wir könnten heute etwas von dieser Kühnheit gebrauchen, bei allem, was gerade vor sich geht, und angesichts des antichristlichen Geistes, der in der Welt am Werk ist. Viele sind einfach zu zaghaft und zurückhaltend, aber der Heilige Geist gibt uns übernatürliche Kraft.

Manche Christen akzeptieren zwar bereitwillig ein begrenztes Wirken des Heiligen Geistes als Tröster und Beistand, leugnen aber seine wundertätige Kraft. Sie wollen die Vorteile genießen, ohne die Verantwortung zu übernehmen. Sie glauben, dass es nach der Wiedergeburt keine zweite Erfahrung mit dem Heiligen Geist gibt. Sie mögen in ihrem Glauben ernsthaft sein, aber genauso ernsthaft sind sie auch im Irrtum.

Es gibt viele anschauliche Beispiele in der Bibel, in denen eine wunderbare Begegnung mit dem Heiligen Geist die Gläubigen befähigte, ein übernatürliches Leben zu führen. Jesus lehrte über zwei verschiedene Erfahrungen im Leben der Gläubigen. In Johannes 20,28 bekennt Thomas zum Beispiel Jesus als seinen Herrn und Gott. Dadurch wurde er gemäß Römer 10,9–10 »gerettet«.

Nachdem die Jünger diese Kraft empfangen hatten, waren sie völlig veränderte Menschen.

Dennoch sagte der Herr zu Thomas und zu allen anderen Jüngern, sie sollten in Jerusalem bleiben, bis sie die Kraft des Heiligen Geistes empfingen (siehe Apg 1,4), denn sie hatten sie noch nicht. Nachdem die Jünger diese Kraft empfangen hatten, waren sie völlig veränderte Menschen.

Nach dem Pfingsttag, als der Heilige Geist auf die Jünger Jesu gekommen war, wurden sie stark und mutig. Sie stellten sich furchtlos der Verfolgung und sogar dem Tod. Wodurch kam das zustande?

Nach Jesu eigenen Worten war es die Taufe mit dem Heiligen Geist.

Der Unterschied bei den Jüngern, *bevor* sie den Heiligen Geist empfingen und *nachdem* sie den Heiligen Geist empfangen hatten, ist leicht zu erkennen.

Vorher	**Nachher**
Furchtsam	Mutig
Verleugneten Jesus	Verkündigten Jesus
Zaghaft und zurückhaltend	Ermächtigt
Durch das Fleisch begrenzt	Mit geistlichen Gaben ausgerüstet
(siehe Mt 26,56; Mk 14,50)	**(siehe Apg 4,13.31; 19,8)**

Die Christen von heute brauchen diese Kraft des Heiligen Geistes, um Jesus mutig als den Retter zu verkünden, der er ist, und um bereit zu sein, dem Bösen entgegenzutreten (siehe Eph 6,10–18). Wir haben die übernatürliche Kraft, den Geist des Antichristen zu besiegen. Glaub es!

Wir empfangen wunderwirkende Kraft, wenn der Heilige Geist kommt und in uns wohnt (siehe Apg 1,8).

Ich glaube, der Hauptgrund, warum sich heutige Christen dem Wirken des Heiligen Geistes widersetzen, liegt darin, dass er den Mangel an Kraft in ihrem Leben aufdeckt. Und wenn dieser Mangel erst einmal offenliegt, verlangt er nach einer Veränderung. Um der Verantwortung für diese Veränderung zu entgehen, ändern sie lieber die Bibel ab, anstatt sich selbst zu ändern. Natürlich ist diese ablehnende Haltung gegenüber dem Wirken des Heiligen Geistes nicht immer offensichtlich, dennoch ist sie vorhanden. Die Aussagen der Bibel werden kurzerhand so verdreht, dass sich die eigenen Ansichten damit untermauern lassen.

Wir empfangen wunderwirkende Kraft, wenn der Heilige Geist kommt und in uns wohnt.

Es ist jetzt »politisch korrekt« zu sagen, dass Alkoholiker nicht für ihre Handlungen verantwortlich gemacht werden könnten, dass Depressionen auf ein chemisches Ungleichgewicht zurückzuführen seien und dass sexuelle Neigungen genetisch bedingt seien. Es kam hier in den USA sogar schon zu Prozessen, bei denen übergewichtige Menschen Fastfood-Ketten verklagten, weil sie diesen die Schuld an der eigenen Fettleibigkeit gaben. Kaum jemand will sich eingestehen, dass das eigene Leben Ergebnis der persönlichen Entscheidungen und Handlungen ist. Es ist verlockend zu glauben, dass jemand anderes die Schuld für das eigene verkorkste Leben trägt. Traurigerweise hat sich der Mangel an persönlicher Verantwortung in unserer Gesellschaft auch in die Haltung der Gemeinde eingeschlichen.

Der ultimative Versuch, sich der Verantwortung zu entziehen, besteht darin, die Schuld auf Gott zu schieben. Das reicht bis zu Adam zurück, als er sagte: »Die Frau, die *du* mir gegeben hast, ist schuld daran! *Sie* reichte mir eine Frucht von dem Baum – deswegen habe ich davon gegessen« (1Mo 3,12 HFA). Adam schob die Schuld erst auf die Frau und gab dann auch noch Gott die Schuld. Doch Gottes

Urteil machte Adam für sein eigenes Handeln verantwortlich.

Denk immer daran, dass du vom Heiligen Geist die Kraft erhältst, die dir den Mut gibt, die richtigen Entscheidungen zu treffen, Verantwortung zu übernehmen, zu überwinden und in allen Bereichen deines Lebens den Sieg zu erklären.

GRUND 5

Der Heilige Geist erinnert uns an alles

Der Heilige Geist, den euch der Vater an meiner Stelle als Helfer senden wird, er wird euch alles erklären und ***euch an das erinnern****, was ich gesagt habe. — Johannes 14,26*

Der fünfte Grund, warum das Leben mit dem Heiligen Geist besser ist, liegt darin, dass er uns lehrt und uns daran erinnert, was Jesus gesagt hat. Wie schon erwähnt, schärft der Heilige Geist unsere geistliche Wahrnehmung, aber jetzt geht es darum, wie er uns hilft, uns an wichtige geistliche Wahrheiten zu erinnern. Und ich sage dir, das ist eine wirklich mächtige Gabe des Heiligen Geistes.

Zu Beginn meiner Beziehung mit dem Herrn habe ich mir immer alles aufgeschrieben. Zu allem, was die Leute sagten, machte ich seitenweise Notizen.

Nach etwa einem Jahr ging ich diese Notizen dann wieder durch. Oft dachte ich dann beim Lesen: *Das ist nicht Gott – das ist nicht richtig.* Irgendwann beschloss ich, mich einfach auf Johannes 14,26 zu verlassen. Ich entschied mich zu glauben, dass der Heilige Geist mir wieder ins Gedächtnis rufen würde, was Jesus gesagt hatte, und dass ich mich mit allem anderen gar nicht erst beschäftigen müsste.

Ich glaube nicht, dass wirklich jeder versteht, wie wichtig das Gedächtnis ist. In einer meiner Lehreinheiten – *Discovering the Keys to Staying Full of God* – betone ich, wie wichtig das Gedächtnis ist, wenn es um das Gefühl der Dankbarkeit geht. Es ist wichtig, sich daran zu erinnern, was Gott im eigenen Leben getan hat.

In Psalm 103,1–2 heißt es: »Lobe den HERRN, meine Seele, und alles, was in mir ist, seinen heiligen Namen! Lobe den HERRN, meine Seele, und vergiss nicht, was er dir Gutes getan hat!« Vergiss nicht die Segnungen, Wunder und anderen Dinge, die Gott in deinem Leben gewirkt hat. Wir werden aus dem Grund angewiesen, uns zu erinnern, weil wir zum Vergessen neigen.

Wusstest du, dass sich zu erinnern mit einer gewissen Anstrengung verbunden ist? Vielen

Menschen ist das nicht klar, aber es ist wirklich wichtig, dass man bewusst zurückblickt und sich an die Güte Gottes im eigenen Leben erinnert.

Vergiss nicht die Segnungen, Wunder und anderen Dinge, die Gott in deinem Leben gewirkt hat.

Als der Apostel Petrus erkannte, dass seine Zeit des Heimgangs näher rückte, sagte er zu den Gläubigen: »Darum will ich es nicht versäumen, euch stets an diese Dinge zu erinnern, obwohl ihr sie kennt und in der [bei euch] vorhandenen Wahrheit fest gegründet seid. Ich halte es aber für richtig, solange ich in diesem [Leibes-]Zelt bin, euch aufzuwecken, indem ich euch erinnere« (2Petr 1,12–13).

Petrus sagt, dass die Erinnerung dich aufwecken wird. Ich habe buchstäblich Hunderte von Beispielen dafür, welche Auswirkungen das Bewahren meiner Erinnerungen auf mich hatte.

An den 23. März 1968 denke ich jeden Tag meines Lebens. Ich war bereits wiedergeboren, aber das war der Tag, an dem die Kraft des Heiligen Geistes in mein Leben kam und der Herr mich seine Liebe spüren ließ – und daran werde ich mich immer erinnern!

Der Heilige Geist erinnert dich an die Güte Gottes.

Seit 1996 führe ich auch Tagebuch. Dort halte ich alles fest, was mir widerfährt, und ich schaue mir meine Einträge regelmäßig an, um mich an die guten Dinge zu erinnern, die Gott für mich getan hat.

Wie Petrus schon sagte: Wenn man sich selbst und andere nicht daran erinnert, was Gott getan hat, ist man achtlos. Man kann so sehr mit dem eigenen Alltag beschäftigt sein, dass man die Güte Gottes ganz vergisst. Wenn du dich nicht immer wieder erinnerst und dadurch motivierst, geraten die Dinge in Vergessenheit, und am Ende machen sich Undankbarkeit und Trübsinn breit.

Dies ist eine der Aufgaben des Heiligen Geistes: dich »an alles zu erinnern«, was Jesus zu *dir* gesagt hat (siehe Joh 14,26). Der Heilige Geist erinnert uns an die Güte Gottes, und das ist ein ausgesprochen guter Grund, ihn bei uns haben zu wollen.

Wenn du zurückblickst und dich daran erinnerst, wie gut Gott zu dir war und dass er dich nie im Stich gelassen hat, wird dir das Hoffnung und Zuversicht für die Zukunft geben.

GRUND 6

Der Heilige Geist zeigt uns zukünftige Dinge

Wenn aber jener kommt, der Geist der Wahrheit, so wird er euch in die ganze Wahrheit leiten; denn er wird nicht aus sich selbst reden, sondern was er hören wird, das wird er reden, und was zukünftig ist, wird er euch verkündigen. — Johannes 16,13

In Johannes 16,13 steht, dass der Heilige Geist uns das, »was zukünftig ist«, verkündigt oder zeigt. Ich sage dir, das ist äußerst wichtig. Die meisten Christen gehen wie Blinde durchs Leben. Sie bewegen sich durch ihren Alltag und sehen nicht, was direkt vor ihnen ist. Es ist nur eine Frage der Zeit, bis sie über etwas stolpern, in etwas hineinlaufen oder von etwas getroffen werden. Der Durchschnittschrist geht ohne übernatürliche Führung durchs Leben.

Jedoch sagte Jesus in Johannes 16,13, dass der Heilige Geist uns über Kommendes aufklärt! Ich kann dir Hunderte von Beispielen nennen, in denen der Herr mich über etwas informiert hat, das passieren würde.

Nur zwei Beispiele:

Es gab da mal einen Mann, dem alles zu gelingen schien. Er war Bürgermeister der Stadt. Er sah blendend aus. Und er wollte mein bester Freund sein. Ich gebe zu, ich war geschmeichelt. Aber der Herr sprach zu mir durch den Heiligen Geist und sagte mir, ich solle mich von diesem Typen fernhalten – und zwar so weit wie möglich. Er sagte, der Kerl sei ein Wolf im Schafspelz. Und es stellte sich heraus, dass es genau so war!

Ein anderes Mal, während der Wirtschaftskrise im Jahr 2008, sprach der Heilige Geist zu meiner Frau über das Erbe ihres Vaters, das wir angelegt hatten. Er sagte ihr, sie solle alle Aktien verkaufen. Das taten wir und kurz darauf brachen die Aktienmärkte ein. Als uns gesagt wurde, wir sollten wieder investieren, machten wir 60 Prozent Gewinn, während alle anderen in etwa gleicher Prozenthöhe Verluste erlitten hatten.

Manche Leute denken jetzt vielleicht, dass ich mir das zusammenträume, aber dann weckt mich bitte nicht auf, denn so leben Jamie und ich nun einmal. Gelobt sei der Herr, dass der Heilige Geist mich wissen lässt, was kommen wird!

Warnungen des Heiligen Geistes

Der Heilige Geist wird dir sagen, was bevorsteht. Das ist wahr und es ist gut. Der Heilige Geist warnt dich aber auch. Er hat uns gesagt, was wir in Bezug auf das Charis Bible College tun sollen – hinsichtlich der Gebäude, des Grundstücks und anderes mehr. Wenn wir wissen, dass es von ihm kommt, gehorchen wir!

Gelobt sei der Herr, dass der Heilige Geist mich wissen lässt, was kommen wird!

Die meisten Leute machen ihr eigenes Ding und sagen dann: »Gott, segne diese Sache. Wir bitten um deinen Segen hierfür.« Wenn du jedoch zuerst herausfindest, was Gott von dir will, und seinen Anweisungen folgst, musst du Gott nicht um seinen Segen bitten. Ich muss Gott nie darum bitten zu segnen, was ich tue, weil ich nur tue, was Gott mir aufträgt und der Heilige Geist mir zeigt. Ich habe keinen anderen Wunsch und keine andere Absicht, als seinen Willen zu tun.

Wenn Gott der Urheber einer Sache ist,
wird sie funktionieren.

Wenn der Heilige Geist dir sagt oder zeigt, was du tun sollst, kannst du dich darauf verlassen, dass es zu deinem Nutzen ist. Wenn Gott dich führt, wird er für dich sorgen. Und wenn Gott der Urheber der Sache ist, wird sie funktionieren. Du kannst gewiss sein, dass jeder Widerstand, der sich gegen dich erhebt, letztendlich wirkungslos bleibt (siehe Jes 54,17).

Einer der Gründe, warum so viele Menschen in ihrem Glauben scheitern, hängt damit zusammen, dass sie schlicht und einfach nicht die feste Überzeugung haben, dass der Heilige Geist sie leitet. Sie hoffen und beten, dass er es tut, aber sie vertrauen nicht darauf. Und weil es ihnen an Vertrauen mangelt, kann Satan eindringen und ihnen so manches rauben. Wenn du keinen Glauben und kein Vertrauen in Gottes Heiligen Geist hast, wirst du angesichts von Schwierigkeiten schnell alle Orientierung verlieren.

Mit dem Wissen, dass der in dir wohnende Heilige Geist dich leitet und führt und dir sagt und zeigt, was auf dich zukommt, wirst du zu einem Gewinner, der nicht versagen wird – und das ist einfach unbezahlbar!

GRUND 7

Der Heilige Geist schenkt uns Gaben

Jedem wird aber das offensichtliche Wirken des Geistes ***zum [allgemeinen] Nutzen verliehen****. Dem einen nämlich wird durch den Geist ein* ***Wort der Weisheit*** *gegeben, einem anderen aber ein* ***Wort der Erkenntnis*** *gemäß demselben Geist; einem anderen* ***Glauben*** *in demselben Geist; einem anderen Gnadengaben der* ***Heilungen*** *in demselben Geist; einem anderen Wirkungen von* ***Wunderkräften****, einem anderen Weissagung, einem anderen* ***Geister zu unterscheiden****, einem anderen* ***verschiedene Arten von Sprachen****, einem anderen die* ***Auslegung der Sprachen****. Dies alles aber wirkt* ***ein und derselbe Geist****, der jedem persönlich zuteilt, wie er will.*

— 1. Korinther 12,7–11

Warum also gibt es so viele Debatten über die Gaben des Heiligen Geistes? Die traurige Wahrheit ist, dass die Leugnung des Dienstes und der Kraft des Heiligen Geistes eine bequeme Theologie ist. Der Glaube, dass Wunder und die Gaben des Heiligen Geistes heute nicht mehr wirksam seien, rechtfertigt ein kraftloses Leben. Der Heilige Geist war in biblischen Zeiten bereit zu wirken, *und* er ist auch *heute* noch dazu bereit. Es gibt keine Entschuldigung für ein Leben, das meilenweit von dem Sieg entfernt ist, den Gottes Wort beschreibt.

Die umstrittenste Gabe ist das Beten und Sprechen in »verschiedenen Arten von Sprachen«. Die Sprachenrede zählt nicht nur zu den ersten Dingen, die nach der Taufe im Heiligen Geist geschehen, sondern es ist auch eines der wichtigsten.

Es gibt keine Entschuldigung für ein Leben, das meilenweit von dem Sieg entfernt ist, den Gottes Wort beschreibt.

Beim Sprachengebet betet dein Geist, wie in 1. Korinther 14,14 zu lesen ist. Dein Geist ist der

Teil von dir, der wiedergeboren ist und den Sinn Christi hat. In 1. Korinther 2,16 (LUT) steht, dass wir »Christi Sinn« haben, und in Kolosser 3,10 (LUT) heißt es, dass wir »den neuen Menschen angezogen haben, der erneuert wird zur Erkenntnis nach dem Ebenbild dessen, der ihn geschaffen hat«. In deinem Geist hast du also den Geist Christi und du kannst somit Christi Gedanken verstehen und selbst entsprechend denken. Du verfügst über unbegrenztes Wissen, und du musst nichts weiter tun, als daraus zu schöpfen.

Und wie kannst du aus der göttlichen Weisheit, die in deinem Geist ist, schöpfen? Die Bibel sagt, dass beim Sprachengebet dein Geist betet, jener Teil von dir, der über dieses Wissen verfügt (siehe 1Kor 12,14). Wenn du in Sprachen betest, sollst du gemäß 1. Korinther 14,13 auch um Auslegung des Sprachengebets bitten.

Ich habe schon oft im Geist gebetet, wenn ich mich im Natürlichen mit etwas konfrontiert sah, das ich einfach nicht bewältigen konnte – weil mir schlicht das Selbstvertrauen fehlte. In solchen Fällen greife ich auf das Sprachengebet zurück. Das tue ich, weil ich den Herrn brauche und mich nicht auf meinen eigenen Verstand verlasse.

Wenn ich auf ein Problem stoße, bete ich in Sprachen und bitte Gott um Weisheit. Ich bete dann auch, dass Gott mir die Auslegung gibt. Wenn ich allein bin und niemand mitbetet, brauche ich mein Anliegen nicht laut auszusprechen. In dem Fall benötige ich nur die Erleuchtung meines eigenen Verständnisses. Ich könnte dir ein Zeugnis nach dem anderen geben, wie sehr diese besondere Kommunikation mit Gott mich schon gesegnet hat.

Du verfügst über unbegrenztes Wissen,
und du musst nichts weiter tun,
als daraus zu schöpfen.

Eines der wundersamsten Ereignisse in meinem Leben spielte sich zu einem Zeitpunkt ab, als wir gerade auf die Bewilligung eines Darlehens in Höhe von 3,2 Millionen Dollar für ein Bauprojekt unseres Dienstes warteten. Der Vorgang zog sich so sehr in die Länge, dass man den ganzen Prozess noch einmal von vorne beginnen wollte. Also sagte ich: »Gott, es muss doch eine Lösung geben. Wie lautet die Antwort in dieser Situation?« Ich begann in Sprachen zu beten und fragte Gott, was ich tun solle, und bat ihn um Auslegung. Keine zwei Minuten später sprach der Herr ein prophetisches Wort zu mir, das ich zwei Jahre zuvor schon einmal empfangen hatte. Ich hatte es damals nicht abgelehnt, sondern mich später nur nicht mehr daran erinnert. Die Prophezeiung lautete, dass ich kein Bankdarlehen brauchen würde; meine Partner würden alles Benötigte finanzieren. Vierzehn Monate später hatten wir die 3,2 Millionen Dollar, die unseren Dienst auf eine Ebene des Wohlstands und des Segens katapultierten, wie wir es nie zuvor erlebt hatten. Und all das kam durch das Sprachengebet und die Bitte um Auslegung.

Wir müssen verstehen, dass wir Zugriff auf die Gedanken Christi haben und seine ganze Weisheit in und durch uns fließt. Diese Wahrheit nicht zu erkennen, ist in etwa so, als würde man an einem wassergefüllten Brunnen sitzend verdursten, weil man nicht weiß, wie man das Wasser herausschöpfen soll. In Sprachen zu reden bedeutet, aus dem Heiligen Geist zu schöpfen und dann zu beten, dass man die Auslegung von Gott erhält.

Ich schätze, es ist möglich, die Taufe im Heiligen Geist zu empfangen und dennoch nicht in anderen Sprachen zu sprechen, aber warum sollte man das wollen? Hab keine Angst vor dieser Gabe! Es gibt keinen Grund, sich davor zu fürchten; du hast jederzeit die volle Kontrolle. Ich rede nicht in Sprachen, während ich dies schreibe, denn ich entscheide selbst, wann ich in Sprachen spreche. Für dich gilt das Gleiche. Du bestimmst selbst, wann du in anderen Sprachen sprichst oder betest.

Vielleicht hält dich auch etwas anderes zurück. Ich habe am eigenen Leib erfahren, wie jemand, der diese Gabe nicht richtig versteht, sie im Keim ersticken kann. Mir erging es so. In meinem Fall hatte mir eine Glaubensgemeinschaft so viel Angst eingeflößt, dass ich befürchtete, der Teufel würde mir auf diese Weise irgendetwas unterschieben. Erst später erfuhr ich, dass der Herr dies nie zulassen würde (siehe Lk 11,13).

Ganz gleich, ob du unsicher bist oder nur Schwierigkeiten hast, zu empfangen: Mein Buch mit dem Titel *Dein neues Ich und der Heilige Geist* wird deine Fragen beantworten und dir die Freiheit geben, dieses mächtige Geschenk zu empfangen. Mein Leben wurde völlig verändert, als ich den Heiligen Geist empfing. Ohne diese Erfahrung hättest du sicher nie von mir gehört.

Dieses Buch *Dein neues Ich und der Heilige Geist* beinhaltet dasselbe Lehrmaterial, das ich all jenen gebe, die im Rahmen unserer Gospel-Truth-Seminare die Taufe im Heiligen Geist empfangen. Es zeigt konkrete praktische Schritte auf, wie man die Gabe des Sprachenredens empfängt. Hunderte von Menschen, die Schwierigkeiten damit hatten, konnten diese Gabe empfangen, nachdem sie das Buch gelesen oder diese Lehre gehört hatten. Vielleicht kennst du Menschen, die die Geistestaufe noch nicht empfangen haben; diese Lehre könnte ihr Leben für immer verändern. Deines genauso.

GRUND 8

Der Heilige Geist lässt uns fruchtbar sein

*Die **Frucht des Geistes** aber ist Liebe, Freude, Friede, Geduld, Freundlichkeit, Güte, Glaube, Sanftmut, Mäßigung; dagegen gibt es kein Gesetz. — Galater 5,22–23* KJV

Der achte Grund, warum wir mit dem Heiligen Geist besser leben, ist die Frucht des Heiligen Geistes. Auch hierüber könnte ich gleich mehrere Stunden lang lehren, aber sehen wir uns an, was Galater 5,22–23 dazu sagt. Dort steht, dass die Frucht des Geistes *Liebe, Freude, Friede, Geduld, Freundlichkeit, Güte, Glaube, Sanftmut, Mäßigung* ist. Man beachte, dass die Bibel von der *Frucht* und nicht von den »Früchten« des Geistes spricht. Sie zählt neun Dinge auf, aber es ist nur eine Frucht.

Es ist wie bei einem Prisma, wenn das Sonnenlicht darauf fällt und sich das gesamte Farbspektrum zeigt – dennoch kommt dieses aus nur einer Quelle. Die Frucht des Geistes ist ein Komplettpaket. Wenn du Liebe hast, hast du auch Freude und Frieden und Geduld, Freundlichkeit, Güte, Glaube, Sanftmut und Mäßigung. Wir könnten jeden dieser Punkte näher betrachten, aber ich möchte mich auf die Mäßigung konzentrieren. In fast allen modernen Bibelübersetzungen wird sie als »Selbstbeherrschung« wiedergegeben, aber wenn man das Wort »Mäßigung« im Griechischen nachschlägt, bedeutet es insbesondere Selbstbeherrschung beim Essen und Trinken. Das Bestreben in den 1800er-Jahren, Alkohol zu verbieten, wurde als »Temperanzbewegung« bezeichnet, abgeleitet vom lateinischen Wort *temperantia* für Mäßigung.

Die Frucht des Geistes
ist ein Komplettpaket.

Mäßigung ist also Selbstbeherrschung, insbesondere beim Essen und Trinken. Ich sage dir,

Völlerei ist die Lieblingssünde der Christen. Es gibt eine Menge übergewichtiger Christen. Und weißt du was? Gott liebt jeden einzelnen von ihnen. Ich liebe sie auch. Ich habe nichts gegen sie, aber dennoch sage ich, dass Völlerei Sünde ist. Sie steht auf derselben Liste wie Ehebruch, Mord, Diebstahl und alles andere Sündige. Wir müssen essen, keine Frage. Wir können dem Essen also nicht einfach komplett abschwören. Dennoch ist dies ein Bereich, in dem wir ganz bewusst Mäßigung oder Selbstbeherrschung anstreben müssen.

Wenn du wiedergeboren bist, hast du auch übernatürlichen Frieden, zusammen mit Glauben, Liebe, Freude und all den anderen Bestandteilen der Geistesfrucht. Zwar kann es sein, dass diese Dinge in deinem Leben nicht vorherrschend sind, da du sowohl im Geist als auch im Fleisch leben und handeln kannst, dennoch hast du in deinem Geist diese Frucht.

Der Apostel Paulus sagt in Kolosser 3,15: »Und der Friede Gottes regiere in euren Herzen.« In diesem Vers geht das Wort »regieren« im Griechischen auf ein Wort zurück, das »Schiedsrichter« bedeutet. Wie beim Baseball, wo ein Schiedsrichter über Bälle und Strikes entscheidet, kann uns der übernatürliche

Friede, den der Heilige Geist schenkt, helfen, die richtigen Entscheidungen zu treffen.

Eine der wichtigsten Entscheidungen, die ich treffen musste, folgte kurz nachdem der Herr am 23. März 1968 mein Leben berührt hatte. Zu der Zeit war ich auf dem College, jedoch verlor ich nach jenem Abend jegliches Verlangen, zur Schule zu gehen. Als ich erzählte, dass ich das College verlassen wolle, sprachen sich meine Familie und meine Gemeinde dagegen aus. Außerdem riskierte ich, die 350 Dollar zu verlieren, die ich als Halbwaise aus der Sozialversicherung meines Vaters bezog. Hinzu käme, dass ich sofort zum Wehrdienst eingezogen würde, was damals gleichbedeutend mit einer Direktfahrkarte nach Vietnam war.

In Anbetracht dieser Dinge zögerte ich meine Entscheidung eine Zeit lang hinaus, doch ich fühlte mich miserabel dabei. Als ich betete und in der Bibel nach Orientierung suchte, stieß ich auf Kolosser 3,15.

Der Herr sagte mir, ich solle mich in die Richtung bewegen, die mir den meisten Frieden gebe. Ich hatte den größten Frieden bei dem Gedanken, das Studium abzubrechen, also traf ich meine Entscheidung. Innerhalb von 24 Stunden bestätigte der Herr den Entschluss und schenkte mir so viel Freude, dass ich seitdem nie wieder an der Sinnhaftigkeit dieser Entscheidung gezweifelt habe. Diese eine Entscheidung hat, vielleicht mehr als jede andere, mein Leben auf einen Kurs gebracht, der mich dorthin geführt hat, wo ich heute bin.

Auf dem Weg, den Gott dich gehen lassen will, herrscht immer Frieden.

Du musst dich nur von den Dingen abwenden, die dich im Natürlichen beschäftigen: die Meinungen anderer Leute, Kritik und Versagensängste. Kehre dich von diesen Dingen ab und folge dem, was der Geist dir zu tun vorgibt. Auf dem Weg, den Gott dich gehen lassen will, herrscht immer Frieden.

Ich habe mich in diesem Kapitel nur auf einige Aspekte der Geistesfrucht konzentriert, aber wir brauchen *alle* Aspekte dieser Frucht, wenn wir in unserem Leben auf dieser Erde siegreich sein wollen. Das Leben als Christ ist nicht einfach nur schwierig, sondern gänzlich *unmöglich*, ohne die Kraft des Heiligen Geistes!

GRUND 9

Der Heilige Geist ist unser Tröster

Gelobt sei der Gott und Vater unseres Herrn Jesus Christus, der Vater der Barmherzigkeit und Gott alles Trostes, der uns tröstet in all unserer Bedrängnis, ***damit wir die trösten können, die in allerlei Bedrängnis sind, durch den Trost, mit dem wir selbst von Gott getröstet werden.*** *— 2. Korinther 1,3–4*

Der Trost, den der Heilige Geist uns bringt, ist Grund Nummer 9, warum ein Leben mit ihm besser ist. In der Nacht vor seiner Kreuzigung erzählte Jesus den Jüngern Folgendes über den Tröster:

Aber ich sage euch die Wahrheit: Es ist gut für euch, dass ich weggehe. Denn wenn ich nicht weggehe, kommt der **Tröster** *nicht zu euch. Wenn ich aber gehe, werde ich ihn zu euch senden. — Johannes 16,7* LUT

Er nannte den Heiligen Geist den »Tröster«. Von Zeit zu Zeit müssen alle Menschen, auch Christen, getröstet werden. Die Herausforderungen und Schwierigkeiten des Lebens können uns entmutigen – aber wir können getröstet und gestärkt werden, wenn wir wissen, dass wir von Jesus als Abschiedsgeschenk den Tröster bekommen haben.

Jesus nannte den Heiligen Geist den »Tröster«.

Ich diente einmal einem sehr guten Freund, als dessen Frau kurz davorstand, heim zum Herrn zu gehen. Er erzählte mir, die ganze Familie sei bei ihm, da seine Frau wahrscheinlich in den nächsten Tagen sterben würde. Ich sagte ihm: »Ich freue mich wirklich für sie, denn sie hat so sehr gelitten. Wenn sie in den Himmel kommt, wird sie lebendiger sein denn je. Und ich bete, dass der Heilige Geist euch trösten wird.«

Gelobt sei der Gott und Vater unseres Herrn Jesus Christus, der Vater der Barmherzigkeit

> *und Gott* ***alles Trostes****, der* ***uns tröstet*** *in all unserer Bedrängnis,* ***damit wir die trösten können, die in allerlei Bedrängnis sind, durch den Trost, mit dem wir selbst von Gott getröstet werden****. — 2. Korinther 1,3–4*

Das konnte ich meinem Freund aufgrund dessen sagen, was Paulus an die Korinther geschrieben hat. Der Tröster wird dich in all deiner Bedrängnis trösten, damit du wiederum andere Menschen trösten kannst. Wir werden gesegnet, um zu segnen; wir werden getröstet, um zu trösten – als Einzelne und als Leib Christi im Ganzen.

> *So hatte denn die Gemeinde durch ganz Judäa und Galiläa und Samaria hin Frieden und wurde erbaut und wandelte in der Furcht des Herrn und mehrte sich durch den* **Trost** *des Heiligen Geistes. — Apostelgeschichte 9,31 ELB*

Ich habe tatsächlich schon einmal jemanden sagen hören, dass er zwar nicht gerne mit seiner Frau streite, aber die Versöhnung gefalle ihm sehr gut! Deshalb freue er sich fast schon über den Disput. Dies lässt sich in gewisser Weise auch auf

Situationen übertragen, in denen Menschen sich gegen dich stellen oder der Teufel dich angreift. Ich hoffe und bete, dass du den Trost des Heiligen Geistes als dermaßen gut erfährst, dass du dich in Zeiten der Bedrängnis fast schon freuen kannst.

Wenn andere über dich herziehen oder wenn schlimme Dinge passieren, brauchst du dich niemals zu fürchten – der Heilige Geist ist in dir und tröstet dich.

Ihn möchte ich erkennen und die Kraft seiner Auferstehung und die Gemeinschaft seiner Leiden und so seinem Tode gleich gestaltet werden. — Philipper 3,10 LUT

Der Apostel Paulus wollte Christus und die Kraft seiner Auferstehung kennenlernen, sogar dessen Leiden – im Wissen, dass der Heilige Geist auf übernatürliche Weise tröstet. Wenn andere über dich herziehen oder wenn schlimme Dinge passieren, brauchst du dich niemals zu fürchten – der Heilige Geist ist in dir und tröstet dich.

GRUND 10

Der Heilige Geist klärt über Sünde, Gerechtigkeit und Gericht auf

Und wenn jener kommt, wird er die Welt überführen ***von Sünde und von Gerechtigkeit und vom Gericht****; von Sünde, weil sie nicht an mich glauben; von Gerechtigkeit aber, weil ich zu meinem Vater gehe und ihr mich nicht mehr seht; vom Gericht, weil der Fürst dieser Welt gerichtet ist. — Johannes 16,8–11*

In Johannes 16 macht Jesus die Jünger mit dem Dienst des Heiligen Geistes bekannt. Er führt zunächst an, welche Vorteile dessen Dienst mit sich bringt, und geht dann tiefer auf die ernste Thematik von Sünde, Gerechtigkeit und Gericht ein. Der Heilige Geist wird die Welt überführen und ihr zeigen, dass sie falschliegt.

Die meisten Leute denken, »überführen« bedeute, dass Gott dich jedes Mal am Kragen packt und ausschimpft, wenn du etwas falsch machst. Tatsächlich aber sagt die Bibel damit, dass er die Menschen darauf hinweist, dass es Sünde ist, nicht an ihn zu glauben. Er möchte, dass alle zur rettenden Erkenntnis des Heils kommen.

Die Wurzel der Sünde liegt darin,
dem Herrn nicht zu vertrauen.

Der Heilige Geist wird eine Person, die den Herrn nicht kennt, nicht wegen ihrer Handlungen – all ihrer Sünden – rügen; er wird vielmehr ihr Augenmerk auf die Notwendigkeit der Errettung lenken.

Wenn du wiedergeboren bist und sündigst, befasst er sich mit der eigentlichen Ursache der Sünde – also mit der Tatsache, dass du Jesus nicht vertraust. Die Wurzel der Sünde liegt darin, dem Herrn nicht zu vertrauen und sich auf die eigene Stärke oder auf andere zu verlassen, anstatt sich auf ihn zu stützen. Er führt dir also vor Augen, dass du ihm nicht glaubst.

Dann erinnert der Heilige Geist dich an deine Gerechtigkeit – nicht an deine Ungerechtigkeit. Dieser Vers wird leider viel zu oft dahingehend interpretiert, dass es die Aufgabe des Heilige Geistes sei, all unsere Ungerechtigkeit aufzudecken. Nein, hier steht, dass er uns von der *Gerechtigkeit* überführt. Er wird dir zeigen, dass du die Gerechtigkeit Gottes bist. Die meisten Leute glauben das Gegenteil, was einer der Gründe dafür ist, warum sie den Dienst des Heiligen Geistes nicht wirklich schätzen. Sie sehen ihn als Verursacher ihrer Schuld- und Verdammungsgefühle. Doch er ist nicht derjenige, der sie verurteilt – sie selbst sind es. Er zeigt uns nur unsere Gerechtigkeit.

Der Heilige Geist wird dir zeigen,
dass du die Gerechtigkeit Gottes bist.

Und schließlich, so sagt es Jesus, klärt der Heilige Geist uns noch über das Gericht auf. Und zwar deshalb, weil der Fürst dieser Welt gerichtet ist. Es geht also nicht darum, dass du gerichtet wirst. Es bedeutet vielmehr, dass du der Sieger bist. Satan ist derjenige, der verurteilt wurde. Er ist der Besiegte. Satan wurde verurteilt und das endgültige Gericht folgt noch.

Der Dienst des Heiligen Geistes ist durch und durch positiv – er ist für dich da und befähigt dich, Gottes Willen zu tun.

Viel zu viele Christen denken, dass der Dienst des Heiligen Geistes ein negativer sei – dass er da sei, um uns unsere Sünde und Ungerechtigkeit vorzuhalten und uns zu verurteilen. Doch das stimmt nicht! Der Dienst des Heiligen Geistes ist durch und durch positiv – er ist für dich da und befähigt dich, Gottes Willen zu tun. Er ist dein *Helfer, Tröster, Fürsprecher, Fürbitter, Ratgeber, Kraftgeber* und *Beistand*. Freu dich darüber!

SCHLUSSWORT

Der positive Dienst des Heiligen Geistes

Den meisten Gläubigen wurde eingeredet, dass Selbstzweifel, Selbstverurteilung, Unwürdigkeitsgefühle und die Verurteilung individueller Sünden dem Wirken des Heiligen Geistes zuzuschreiben sind. Aber das ist *nicht* wahr!

Ich verbringe viel Zeit damit, über die bedingungslose Liebe und Gnade Gottes zu lehren. Seine Liebe und Gnade haben mein Leben verändert. Ich merke jedoch an den Fragen und Kommentaren, die ich erhalte, dass viele Menschen noch immer nicht begreifen, worum es geht.

Aus diesem Grund habe ich den Herrn vor vielen Jahren gebeten, mir eine Möglichkeit aufzuzeigen, wie ich seine Gnade auf eine Weise zum Ausdruck bringen kann, die den Menschen nicht entgehen kann. Er gab mir eine der wichtigsten Offenbarungen, die ich je über den positiven Dienst des Heiligen Geistes empfangen habe. Nicht jedem gefällt diese Offenbarung, aber alle verstehen, was ich damit sagen will.

Das Lieblingswerkzeug des Teufels ist Religion, und er hat sich große Mühe gegeben, den Leib Christi davon zu überzeugen, dass der Heilige Geist die Quelle negativer Gefühle ist. Er hat den Gläubigen eingeredet, dass der Heilige Geist ihnen zeige und sage, dass sie unwürdig seien und »ihr Leben in Ordnung bringen« müssten, wenn sie jemals vom Herrn empfangen wollten.

Der Heilige Geist ist niemals die Quelle der Schuld und Verurteilung, die du empfindest.

Die Wahrheit sieht ganz anders aus: Nicht Gott, sondern dein Herz – genauer gesagt, dein Gewissen – verurteilt dich. Das ist *nicht* das Werk des Heiligen Geistes. Der Heilige Geist ist *niemals* die Quelle der Schuld und Verurteilung, die du empfindest. Er sorgt *nicht* dafür, dass du dich schlecht fühlst, wenn du sündigst. *Dein Gewissen verurteilt dich*. Und wenn man sich unwürdig fühlt, ist es fast unmöglich, von Gott zu empfangen.

In 1. Johannes 3,19–21 (EÜ) heißt es:

> *Und daran werden wir erkennen, dass wir aus der Wahrheit sind. Und wir werden vor ihm unser Herz überzeugen, dass, wenn unser Herz uns verurteilt, Gott größer ist als unser Herz und alles weiß. Geliebte, wenn das Herz uns aber nicht verurteilt, haben wir gegenüber Gott Zuversicht.*

Diese Bibelstelle macht sehr deutlich, dass unser Herz uns verurteilen kann, obwohl es Gott nicht tut. Welch eine radikale Wahrheit, die für die meisten Christen als völliger Schock kommt. Wir gehen einfach davon aus, dass der Heilige Geist derjenige ist, der uns ständig verurteilt.

Wenn du an den Punkt gelangen kannst, an dem dein Gewissen dich nicht länger verdammt, verurteilt und dir das Gefühl gibt, unwürdig zu sein und deshalb nichts zu empfangen, dann wirst du Gott gegenüber zuversichtlich sein und ihm vertrauen. Und dieses Vertrauen ist mit einer »großen Belohnung« verbunden (siehe Hebr 10,35).

Viele Christen erreichen diesen Punkt leider nie. Sie wissen zwar, dass Gott ihr Gebet erhören kann, doch weil sie sich unwürdig fühlen, fehlt ihnen die Zuversicht, dass er es auch tun wird. *Sie bleiben nicht fest im Glauben stehen, da sie ihre Gefühle der Schuld und Unwürdigkeit fälschlicherweise für das Werk des Heiligen Geistes halten. Und so kommt es, dass sie in ihrem Glauben am Ende Schiffbruch erleiden.*

> *»… indem du den Glauben und ein gutes Gewissen bewahrst. Dieses haben einige von sich gestoßen und darum im Glauben Schiffbruch erlitten.« — 1. Timotheus 1,19*

Unser Gewissen ist nichts, was wir ignorieren könnten oder sollten; es kann dazu erzogen werden, uns nützlich zu sein – dennoch ist es *nicht* die Stimme des Heiligen Geistes. Der beste Weg, mit dem Gewissen umzugehen, besteht darin, diesem möglichst wenig Anlass zur Verurteilung zu geben. Es kann uns nicht verurteilen, wenn wir ihm keinen Grund dafür liefern. Aber niemand lebt ein perfektes Leben, und letztlich muss man sein Gewissen von toten Werken befreien.

- In Hebräer 9,14 heißt es: »Wie viel mehr wird das Blut des Christus, der sich selbst durch den ewigen Geist als ein makelloses Opfer Gott dargebracht hat, euer Gewissen reinigen von toten Werken, damit ihr dem lebendigen Gott dienen könnt.«
- In Hebräer 10,22 steht: »So lasst uns hinzutreten mit wahrhaftigem Herzen, in völliger Gewissheit des Glaubens, durch Besprengung der Herzen los vom bösen Gewissen und am Leib gewaschen mit reinem Wasser.«
- Und in Hebräer 4,16 lesen wir: »So lasst uns nun mit Freimütigkeit hinzutreten zum Thron der Gnade, damit wir Barmherzigkeit erlangen und Gnade finden zu rechtzeitiger Hilfe!«

Jesus nennt den Heiligen Geist
den »Beistand (Tröster)«,
nicht den Bedränger.

Der Dienst des Heiligen Geistes ist das Gegenteil von dem, wofür viele Christen ihn halten. In Johannes 14,16 können wir nachlesen, wie Jesus den Heiligen Geist beschreibt: »Und ich will den Vater bitten, und er wird euch einen anderen Beistand geben, dass er bei euch bleibt in Ewigkeit.«

Man beachte, dass Jesus den Heiligen Geist den »Beistand (Tröster)« nennt, *nicht den Bedränger.* Er sagt auch, dass er einen »anderen« Tröster senden wird. Ein »anderer« bedeutet einen vom gleichen Format, von der gleichen Art. Jesus war und ist ein Tröster; er hat die Menschen während seines irdischen Wirkens nie verurteilt.

> *Denn* ***Gott hat seinen Sohn nicht in die Welt gesandt, damit er die Welt richte****, sondern damit die Welt durch ihn gerettet werde. Wer an ihn glaubt, wird nicht gerichtet; wer aber nicht glaubt, der ist schon gerichtet, weil er nicht an den Namen des eingeborenen Sohnes Gottes geglaubt hat. Darin aber besteht das Gericht, dass das Licht in die Welt gekommen ist, und die Menschen liebten die Finsternis mehr als das Licht; denn ihre Werke waren böse. — Johannes 3,17–19*

Der Heilige Geist überführt uns nicht des Lügens, Stehlens, Ehebruchs, Mordes oder anderer Vergehen – er macht uns vielmehr bewusst, dass wir kein Vertrauen in Jesus haben. Dieser Mangel ist nämlich die Wurzel jeder Sünde. Genau genommen *kommen die Menschen nicht für ihre jeweiligen Sünden in die Hölle*; Jesus hat ihnen diese ja bereits allesamt vergeben (siehe 1Joh 2,2). Menschen kommen allein aufgrund *einer* Sünde in die Hölle: weil sie Jesus nicht zu ihrem persönlichen Retter gemacht und ihn nicht als vollständige und einziggültige Bezahlung für ihre Sünden angenommen haben. Selbst nachdem wir die Errettung empfangen haben, sind nicht unsere Taten (Sünden) das Problem, sondern die Herzenseinstellung, Jesus nicht zu vertrauen.

Der Heilige Geist sollte dein bester Freund sein. Er wurde gesandt, um dich zu ermutigen und dir immer wieder die Liebe Gottes zu bestätigen. Er ist die wichtigste und mächtigste Person in deinem Leben. Wenn du den Heiligen Geist bisher nicht richtig wahrgenommen hast, ist es an der Zeit, dein Denken zu ändern. Du wirst erst dann in der Lage sein, eine gesunde, tiefe Beziehung zu Gott aufzubauen, wenn du diesen positiven Dienst des Heiligen Geistes verstanden hast.

Vollziehe also die entsprechende Veränderung in deinem Denken. Der Heilige Geist ist der große Tröster, aber sein positives Wirken geht weit darüber hinaus. Wenn du ein vollmächtiges Leben führen willst, musst du das, was diese Lehrreihe vermittelt, wissen und verstehen.

Der Heilige Geist sollte dein bester Freund sein.

EMPFANGE JESUS ALS DEINEN RETTER

Jesus Christus als deinen Herrn und Retter anzunehmen, ist die wichtigste Entscheidung, die du jemals treffen wirst! Gottes Wort verspricht:

> *Denn wenn du mit deinem Mund Jesus als den Herrn bekennst und in deinem Herzen glaubst, dass Gott ihn aus den Toten auferweckt hat, so wirst du gerettet. Denn mit dem Herzen glaubt man, um gerecht zu werden, und mit dem Mund bekennt man, um gerettet zu werden. — Römer 10,9–10*
> *Denn:* **»Jeder, der den Namen des Herrn anruft, wird gerettet werden«**. *— Römer 10,13*

In seiner Gnade hat Gott bereits alles getan, um dir Errettung anbieten zu können. Dein Teil besteht einfach nur darin, zu glauben und zu empfangen. Bete laut:

Jesus, ich bekenne, dass du mein Herr und Retter bist. Ich glaube in meinem Herzen, dass Gott dich von den Toten auferweckt hat. Im Glauben an dein Wort empfange ich jetzt die Errettung. Danke, dass du mich erlöst hast!

Im selben Moment, in dem du dein Leben Jesus Christus übergibst, erfüllt sich augenblicklich die Wahrheit seines Wortes in deinem Geist. Weil du von neuem geboren bist, besitzt du jetzt ein völlig neues Ich!

EMPFANGE DEN HEILIGEN GEIST

Dein dich liebender himmlischer Vater möchte dir als seinem Kind die übernatürliche Kraft geben, die du brauchst, um dieses neue Leben auch auszuleben.

> *Denn jeder, der bittet, empfängt; und wer sucht, der findet; und wer anklopft, dem wird aufgetan. … wie viel mehr wird der Vater im Himmel [den] Heiligen Geist denen geben, die ihn bitten! — Lukas 11,10.13b*

Alles, was du tun musst, ist bitten, glauben und empfangen! Bete:

> *Vater, ich erkenne, dass ich deine Kraft brauche, um dieses neue Leben auszuleben. Bitte erfülle mich mit deinem Heiligen Geist. Im Glauben empfange ich ihn genau jetzt!*

Danke, dass du mich getauft hast. Heiliger Geist, du bist in meinem Leben willkommen!

Gratuliere – du bist jetzt mit Gottes übernatürlicher Kraft erfüllt!

Einige Silben einer dir unbekannten Sprache werden nun aus deinem Herzen zu deinem Mund aufsteigen. Wenn du sie im Glauben laut aussprichst, setzt du Gottes Kraft in deinem Inneren frei und erbaust dich selbst im Geist (1Kor 14,4.14). Du kannst dies tun, wann und wo immer du möchtest!

Es spielt eigentlich keine Rolle, ob du etwas gespürt hast oder nicht, als du gebetet hast, um den Herrn und seinen Geist zu empfangen. Wenn du in deinem Herzen geglaubt hast, dass du empfangen hast, dann ist es auch so, denn Gottes Wort verspricht: »Darum sage ich euch: Alles, was ihr auch immer im Gebet erbittet, glaubt, dass ihr es empfangt, so wird es euch zuteilwerden!« (Mk 11,24). Gott ist seinem Wort immer treu. Glaub es!

Bitte nimm Kontakt zu uns auf und lass es uns wissen, wenn du eines oder beide dieser Gebete gebetet hast. Wir würden uns gern mit dir freuen und dir ein Geschenk zusenden, das dir hilft, deine neue

Beziehung zum Herrn zu verstehen und darin zu wachsen.

Damit wollen wir dir einfach sagen: *Willkommen in deinem neuen Leben!*

ÜBER DEN AUTOR

Als **Andrew Wommack** am 23. März 1968 der übernatürlichen Liebe Gottes begegnete, wurde sein Leben für immer verändert. Seit vielen Jahrzehnten bereist Andrew Amerika und die Welt und lehrt die Wahrheit des Evangeliums. Seine tiefe Offenbarung von Gottes Wort vermittelt er mit Klarheit und Schlichtheit. Dabei legt er seinen Schwerpunkt auf Gottes bedingungslose Liebe und das Gleichgewicht zwischen Gnade und Glauben. Mit seinem Programm auf *GospelTruth.TV* erreicht er fast die Hälfte der Weltbevölkerung. 1994 gründete er das *Charis Bible College* (Charis) und hat seither Charis-Standorte in verschiedenen Großstädten Amerikas und weltweit eröffnet. Andrew hat eine Fülle an Lehrmaterial in gedruckter Form und im Audio- und Videoformat veröffentlicht, von dem das meiste kostenlos von seiner Website abgerufen werden kann.

Du kannst das AWM-Team per Brief, Mail oder Telefon kontaktieren:

Andrew Wommack Ministries gGmbH
Postfach 56 03 02
60407 Frankfurt am Main, Deutschland
info@andrewwommack.de | +49 69 64357850
Gebets-Hotline: +49 69 643578578
www.andrewwommack.de

Gospel Truth

mit Andrew Wommack

Veränderte **Herzen**

Erneuertes **Denken**

Verändertes **Leben**

Zeugnisse kommen von Menschen aus aller Welt,
die sich in das Wort Gottes vertieft haben.

Sieh Andrew Wommack in der täglichen
Gospel Truth Fernsehsendung.

Du findest die lokalen Sendezeiten und kannst
die Sendungen online unter andrewwommack.de/video
oder awmi.net/video anschauen.

CHARIS®
BIBLE COLLEGE
Verändere dein Leben.
Verändere die *Welt*.
Erfahre mehr über das Charis Bible College unter **charisbiblecollege.de** oder schreib uns eine E-Mail an **info@charisbiblecollege.de** oder ruf uns an unter **+49 69 643 578 540**.
Das Charis Bible College hat Standorte in den Vereinigten Staaten und rund um den Globus. Um den Campus in deiner Nähe zu finden, besuche **CharisBibleCollege.org/campus-locations**.

Die Macht deiner Vorstellungskraft

Oft beten Gläubige ohne sichtbaren Erfolg. Das liegt daran, dass ihnen die Macht ihrer Vorstellungskraft nicht bewusst ist! Lass dir von Gott ein Bild deiner Zukunft vor dein geistiges Auge malen. Dann kann dich nichts aus der Bahn werfen und du siehst dich immer auf der Gewinnerseite!

159 Seiten, Paperback, ISBN 978-3-95933-216-3
Auch als E-Book erhältlich.

Die Vollmacht des Gläubigen

Die Vollmacht des Gläubigen in Christus wird heute in Kirchen und Gemeinden kontrovers diskutiert. Andrew erläutert diesen Aspekt des Christenlebens aus einem Blickwinkel, der bisher Erlerntes in ein neues Licht rückt. Entdecke wahre geistliche Vollmacht, die zu echten Resultaten führt!

288 Seiten, Paperback, ISBN 978-3-95933-236-1
Auch als E-Book erhältlich.

Heilung:
Gottes Wille für dich

Jesus hat den Preis für unsere Heilung ebenso bezahlt wie für die Vergebung unserer Sünden. Heilung ist zentraler Teil seines Erlösungswerks. Erfahre, was Gott uns in seiner bedingungslosen Liebe und Gnade alles schon zur Verfügung gestellt hat, und erhalte Antworten auf häufige Fragen.

211 Seiten, Paperback, ISBN 978-3-95933-218-7
Auch als E-Book erhältlich.

Du hast schon alles, was du brauchst!

Wie so viele andere hast du bestimmt schon einmal gedacht: Ich tue doch alles, was ich kann, um den Sieg zu erleben – warum nur klappt es nicht? Doch Gottes Antwort basiert nicht auf dem, was du tust, sondern auf dem, was Jesus getan hat! Erkenne diese Wahrheit – und werde frei!

264 Seiten, Paperback, ISBN 978-3-95933-220-0
Auch als E-Book erhältlich.

Ein verhärtetes Herz

Ein verhärtetes Herz verhindert, dass wir die Stimme des Herrn hören und uns in unserem Alltag von ihm leiten lassen. Der Zustand unseres Herzens hängt davon ab, worauf unsere Aufmerksamkeit gerichtet ist. Verschaffe dir Klarheit, wie Glaube und Unglaube sich zueinander verhalten.

102 Seiten, Paperback, ISBN 978-3-95933-230-9
Auch als E-Book erhältlich.

Mehr Gnade, größere Gunst

In *Mehr Gnade, größere Gunst* vermittelt Andrew Wommack lebensverändernde Erkenntnisse über den biblischen Zusammenhang zwischen Demut und Segen. Lerne Gottes auf den Kopf gestellten Weg zum Erfolg kennen und erlebe die Gunst des Herrn in unvorstellbaren Maßen!

215 Seiten, Paperback: ISBN 978-3-95933-232-3
Auch als E-Book erhältlich.